JOSEF GUGGENMOS

Dieses Buch ist erhältlich als:
ISBN 978-3-407-75644-2 Print

in der Verlagsgruppe Beltz · Weinheim Basel
Werderstraße 10, 69469 Weinheim

Gedichte: Josef Guggenmos

Zusammenstellung und Redaktion: Stefanie Schweizer
Umschlaggestaltung, Vignetten und Handlettering
im Vorsatz: Taltal Levi
Layout, Satz und Herstellung: Nancy Aprile, Lara Thorissen
Druck und Bindung: Beltz Grafische Betriebe, Bad Langensalza
Beltz Grafische Betriebe ist ein klimaneutrales Unternehmen
(ID 15985-2104-100).
Printed in Germany
1 2 3 4 5 6 26 25 24 23 22

Weitere Informationen zu unseren
Autor_innen und Titeln finden Sie
unter: www.beltz.de

JOSEF GUGGENMOS

ES FLÜSTERT & RAUSCHT

NATURGEDICHTE FÜR KINDER

Herausgegeben
von
Stefanie Schweizer

BELTZ
& Gelberg

Schaut man genau,
dann ist viel los -
dann ist das Kleine
schön und groß.

IN DIE NATUR!

Dunkel
war alles und Nacht.
In der Erde tief
die Zwiebel schlief,
die braune.

Was ist das für ein Gemunkel,
was ist das für ein Geraune?,
dachte die Zwiebel,
plötzlich erwacht.
Was singen die Vögel da droben
und jauchzen und toben?

Von Neugier gepackt,
hat die Zwiebel einen langen Hals gemacht
und um sich geblickt
mit einem hübschen Tulpengesicht.

Da hat ihr der Frühling entgegengelacht.

DIE TULPE

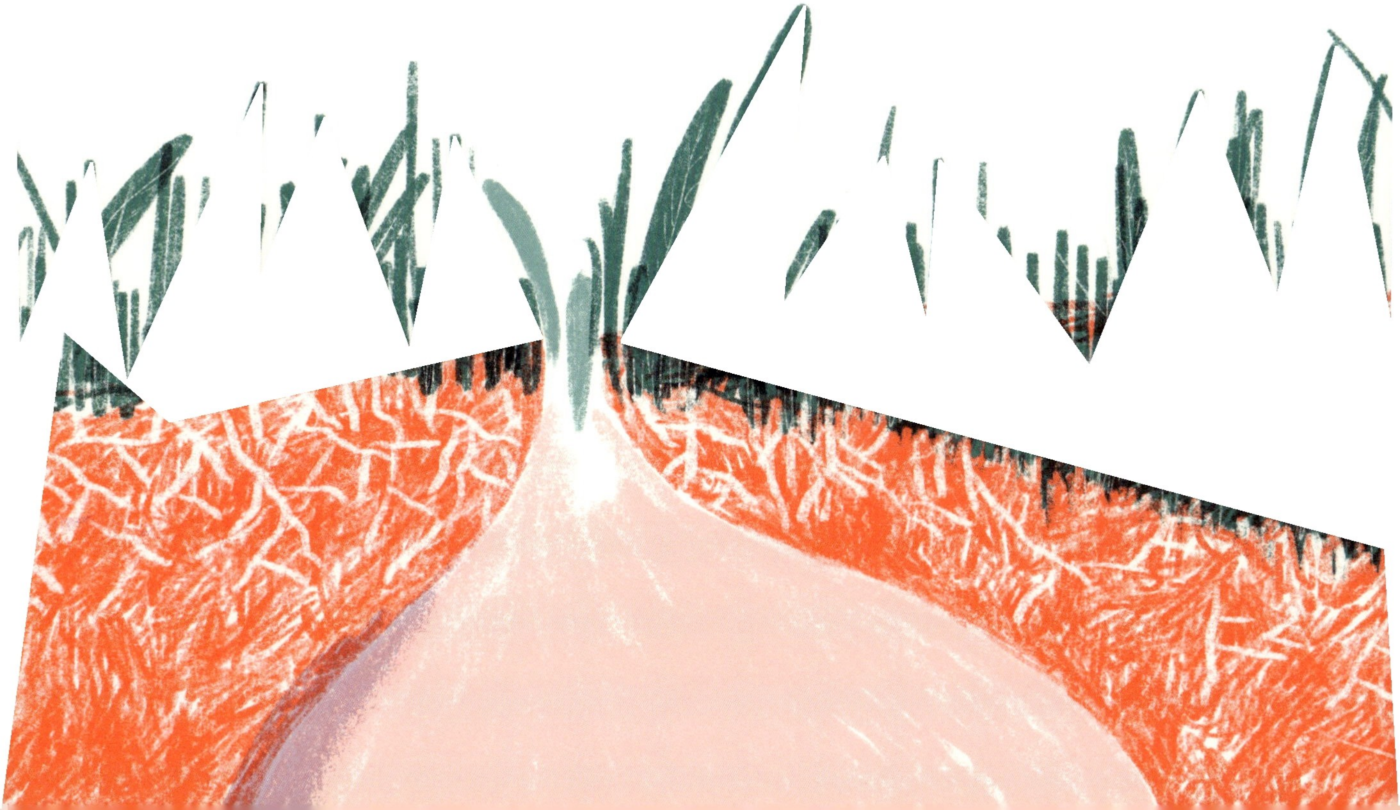

DIE TULPE
DUNKEL war alles und NACHT.
In der Erde tief
die Zwiebel schlief,
die braune.
WAS ist das für ein GEMUNKEL,
WAS ist das für ein GERAUNE?

– dachte die Zwiebel,
plötzlich erwacht.

WAS singen die VÖGEL da droben
und jauchzen und toben?

Von NEUGIER gepackt,
hat die Zwiebel einen langen Hals gemacht
und um sich geblickt
mit einem hübschen Tulpengesicht.
Da hat ihr der FRÜHLING
entgegengelacht.

Es laufen die Kinder
und raufen und spielen,
und unter ihnen
im Erdreich wühlen
die Würmer, die vielen.

Doch was sie da unten
im Dunkeln, im Kühlen,
die Würmer, die vielen,
beim Wühlen fühlen –
keine Sprache beschreibt es.
Es ist ein Geheimnis und bleibt es.

Unterm Rasen

Unterm Rasen
von Josef Guggenmos
Es laufen die Kinder
und raufen und spielen,
und unter ihnen
im Erdreich wühlen
die Würmer, die vielen.

Max Fiedler
Doch was sie da unten
im Dunkeln, im Kühlen,
die Würmer, die vielen,
beim Wühlen fühlen –
keine Sprache beschreibt es.
Es ist ein Geheimnis und bleibt es.
THNX
MEXER

In einem Acker fand ich eine Muschel.
Hier war vor Jahrmillionen einmal ein Meer.
Da liegt sie nun,
Nachricht von weit her,
auf meiner Hand die Muschel:
Stein geworden,
schwer.

Versteinerung

Versteinerung

In einem Acker fand ich eine Muschel.
Hier war vor Jahrmillionen einmal ein Meer.
Da liegt sie nun,
Nachricht von weit her,
auf meiner Hand die Muschel:
Stein geworden,
schwer.

In allem Frieden
schlief abgeschieden
hinter einer Hecke
der Wind.
Da hat ihn die Spitzmaus,
wie Spitzmäuse sind,
ins Ohr gezwickt.
Der Wind erschrickt,
springt auf die Hecke,
fuchsteufelswild,
brüllt,
packt einen Raben
beim Kragen,
rast querfeldein
ins Dorf hinein,
schüttelt einen Birnbaum beim Schopf,
reißt den Leuten den Hut vom Kopf,
schlägt die Wetterfahne herum,
wirft eine Holzhütte um,
wirbelt den Staub in die Höhe:
Wehe,
der Wind ist los!
Aber wo ist die Spitzmaus?
In ihrem Kellerhaus
dreht sie die Daumen im Schoß,
zufrieden und faul,
und grinst
mit ihrem frechen Maul.

Der Wind

Der Wind

In allem Frieden
schlief abgeschieden
hinter einer Hecke
der Wind.
Da hat ihn die Spitzmaus,
wie Spitzmäuse sind,
ins Ohr gezwickt.

Der Wind erschrickt,
springt auf die Hecke,
fuchsteufelswild,

packt einen Raben
beim Kragen,
rast querfeldein
ins Dorf hinein,
schüttelt einen Birnbaum beim Schopf.

reißt den Leuten den Hut vom Kopf,
schlägt die Wetterfahne herum,
wirft eine Holzhütte um,
wirbelt den Staub in die Höhe:

Wehe, der Wind ist los!

Aber wo ist die Spitzmaus?
In ihrem Kellerhaus
dreht sie die Daumen im Schoß,
zufrieden und faul,
und grinst mit ihrem
frechen Maul.

Ein Riese
warf einen Stein.
Gänge und Zimmer stürzten ein.
Hunderte brachen ein Bein.
Zwei Dutzend brachen das Genick.
Andere hatten Glück.
Der Stein
hatte wie eine Bombe eingeschlagen.
Zusammengebrochen
ist das Werk vieler Wochen.
Doch schon rennen Tausende herbei.
Tote werden weggetragen.
Man zieht, man zerrt, schleppt Trümmer,
baut neu:
neue Gänge,
neue Zimmer.
Doch im Getümmel
hört man da und dort einen sagen:
Solch ein Lümmel!
Wer war der Verbrecher?
Wer?
Ein Junge.
Was dachte sich der?
Nicht viel.
Er warf nur zum Spiel
den Stein
auf den Ameisenhaufen.

Ein Riese warf einen Stein

Ein Riese
warf einen Stein.

Zwei Dutzend brachen das Genick.
Andere hatten Glück.
Der Stein
hatte wie eine Bombe eingeschlagen.

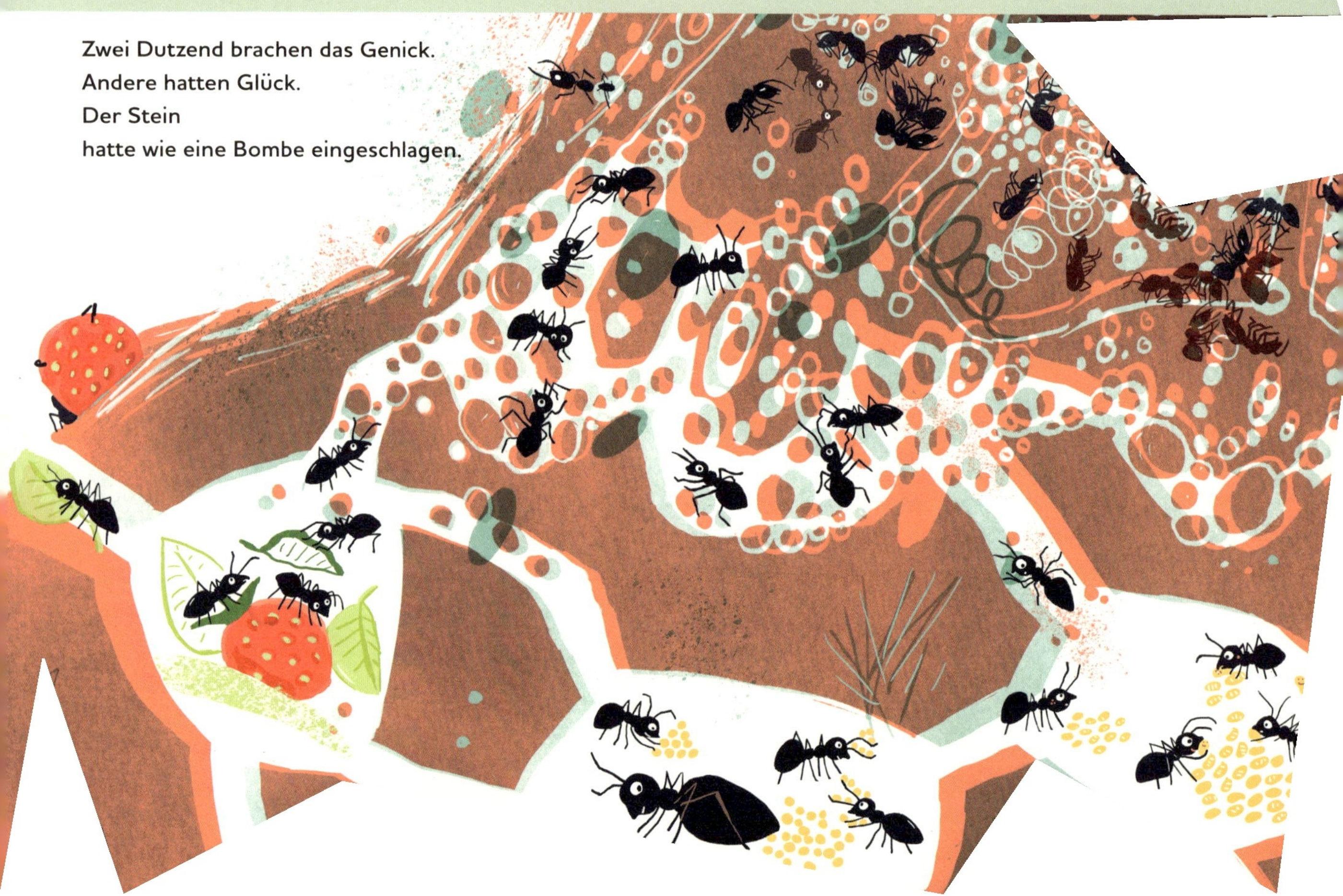

Gänge und Zimmer stürzten ein.
Hunderte brachen ein Bein.

Zusammengebrochen
ist das Werk vieler Wochen.
Doch schon rennen
Tausende herbei.

Tote werden weggetragen.
Man zieht, man zerrt, schleppt Trümmer,
baut neu:
neue Gänge,
neue Zimmer.

Doch im Getümmel
hört man da und dort einen sagen:
Solch ein Lümmel!
Wer war der Verbrecher?
Wer?
Ein Junge.
Was dachte sich der?

Nicht viel.
Er warf nur zum Spiel
den Stein
auf den Ameisenhaufen.

Manchmal geht er weiter.
Bisweilen bleibt er stehn.
Oft senkt er seine Nase.
Welch Fest, ihm zuzusehn.

Still wandert er, der Rotfuchs,
über das nächtliche Feld.
Vor dem Wald, dem schwarzen.
Unter glimmender Sternenwelt.

Dem Hasen klopfte,
klopf-klopf-klopf-klopfte das Herz.
Der Fuchs ging vorbei ...

ER & IM VERSTECK

ER

MANCHMAL GEHT ER WEITER.
BISWEILEN BLEIBT ER STEHN.
OFT SENKT ER SEINE NASE.
WELCH FEST, IHM ZUZUSEHN.

STILL WANDERT ER, DER ROTFUCHS,
ÜBER DAS NÄCHTLICHE FELD
VOR DEM WALD, DEM SCHWARZEN.
UNTER GLIMMENDER STERNENWELT.

IM VERSTECK

DEM HASEN KLOPFTE, KLOPF-KLOPF
-KLOPF-KLOPFTE DAS HERZ.
DER FUCHS GING VORBEI ...

Horch, am Weg dies leise Läuten,
so ganz eigen klingt es, so
wie ertrunken, wie versunken,
und man weiß nicht recht, von wo.
Sag, was soll dies Ding bedeuten?

In der Pfütze sitzen Unken,
wohnend wie im Himmelreich.
Und dies Rufen, immer gleich,
dieser wunderzarte Klang
ist ihr fröhlicher Gesang.

WIE ERTRUNKEN,
WIE VERSUNKEN

WIE ERTRUNKEN, WIE VERSUNKEN
Horch, am Weg dies leise Läuten, so ganz eigen klingt es, so wie ertrunken, wie versunken,
und man weiß nicht recht, von wo. Sag, was soll dies Ding bedeuten?

In der Pfütze sitzen Unken,
wohnend wie im Himmelreich.
Und dies Rufen, immer gleich,
dieser wunderzarte Klang
ist ihr fröhlicher Gesang.
Maren Profke

Hinter dem Schlossberg kroch es herauf:
Wolken - Wolken!
Wie graue Mäuse,
ein ganzes Gewusel.
Zuhauf
jagten die Wolken gegen die Stadt.
Und wurden groß
und glichen Riesen
und Elefanten
und dicken, finsteren Ungeheuern,
wie sie noch niemand gesehen hat.
»Gleich geht es los!«,
sagten im Kaufhaus Dronten
drei Tanten
und rannten heim, so schnell sie konnten.
Da fuhr ein Blitz
mit hellichtem Schein,
zickzack
blitzschnell
in einen Alleebaum hinein.
Und ein Donner schmetterte hinterdrein,
als würden dreißig Drachen
auf Kommando lachen,
um die Welt zu erschrecken.
Alle Katzen in der Stadt
verkrochen sich
in die allerhintersten Stubenecken.
Doch jetzt ging ein Platzregen nieder!
Die Stadt war überall
nur noch ein einziger Wasserfall.
Wildbäche waren die Gassen.
Plötzlich war alles vorüber.
Die Sonne kam wieder
und blickte vergnügt
auf die Dächer, die nassen.

DAS GEWITTER

Hinter dem Schlossberg kroch es herauf:
Wolken-Wolken!
Wie graue Mäuse,
ein ganzes Gewusel.
Zuhauf
jagten die Wolken gegen die Stadt.
Und wurden groß
und glichen Riesen
und Elefanten
und dicken,
finsteren Ungeheuern,
wie sie noch niemand
gesehen hat.

„Gleich geht es los!",
sagten im Kaufhaus Dronten
drei Tanten
und rannten heim,
so schnell sie konnten.
Dronten
DRONTEN

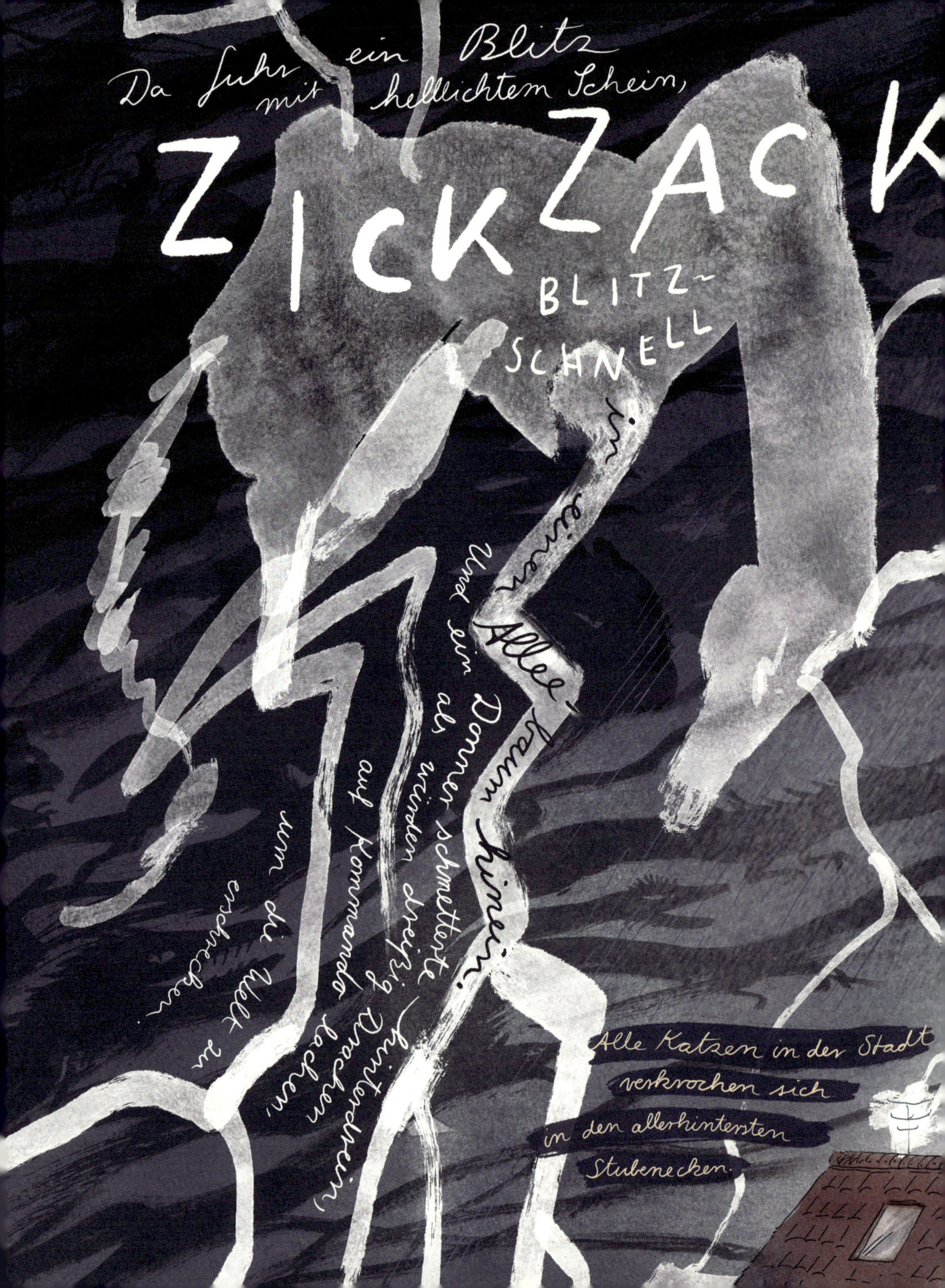
Da fuhr ein Blitz mit hellichtem Schein,
ZICKZACK
BLITZ-SCHNELL
in einen Alleebaum hinein.
Und ein Donner schmetterte hinterdrein,
als würden dreißig Drachen
auf Kommando lachen,
um die Welt zu erschrecken.
Alle Katzen in der Stadt
verkrochen sich
in den allerhintersten
Stubenecken.

Doch jetzt ging ein Platzregen nieder!
Die Stadt war überall
nur noch ein einziger Wasserfall.
Wildbäche
waren die
Gassen.
Plötzlich
war alles vorüber.
Die Sonne kam wieder
und blickte vergnügt
auf die Dächer,
die nassen.

Ein Käfer, der spazieren flog,
fiel in den Fluss, und dann,
dann dachte er: Jetzt zapple ich,
solang ich zappeln kann.

Er zizazozazappelte
(so macht man's in der Not).
Da schwamm daher ein Rosenblatt,
ein Schifflein rosenrot.

Das war ihm recht. Gleich stieg er auf.
Ich hab ihn fahren sehn:
den Fluss hinab, an mir vorbei
als stolzen Kapitän.

Ein Schifflein rosenrot

Josef Guggenmos

Ein Schifflein rosenrot

Da schwamm daher ein Rosenblatt,
ein Schifflein rosenrot.
Das war ihm recht.
Gleich stieg er auf.
Ich hab ihn fahren sehn:
den Fluss hinab, an mir vorbei
als stolzen Kapitän.

Wir sind geschlüpft
aus einem Ei.
Sind leicht, sind bunt,
sind flink und frei.
Wir haben Kehlen
und singen hell.
Wir haben Flügel
und fliegen schnell.
Wir fliegen dahin
über dich im Nu.
Wir sind die Vögel,
doch wer bist du?

Ich bin der Bach,
doch ich wachse zum Strom
und wandre vorüber
an manchem Dom
bis hinunter zum fernen
wogenden Meer.
Drauf flieg ich als Wolke
wieder daher.
Als Regen falle ich
rauschend nieder
und ziehe als Bächlein
des Weges wieder.

DIE VÖGEL UND DER BACH

DIE VÖGEL UND DER BACH
Wir sind geschlüpft
aus einem Ei.
ICH BIN DER BACH, DOCH ICH WACHSE ZUM STROM
sind leicht,
sind bunt,
sind flink
und frei.
UND WANDRE VORÜBER AN MANCHEM DOM
Wir haben Kehlen
und singen hell.
BIS HINUNTER ZUM FERNEN WOGENDEN MEER.

Wir haben Flügel
und fliegen schnell.
DRAUF FLIEG ICH ALS WOLKE WIEDER DAHER.
Wir fliegen dahin
ALS REGEN FALLE ICH RAUSCHEND NIEDER
Wir sind die Vögel,
doch wer bist du?
UND ZIEHE ALS BÄCHLEIN DES WEGES WIEDER.

Verloren
im Nebelmeer
bin ich gegangen
durch die Allee,
bedachtsam sehr.

Schweigen
rings um mich her.

Nichts
war zu vernehmen.
Nur dies
Knistern
ab und zu
auf dem Kies.
Ich wusste, das waren
meine Füße.
Sie suchten da unten
ihren Weg,
die unsichtbaren.

Und einmal
ein leises Flüstern,
links,
nah.
Ein Ahorn
in der Ahornallee
fragte den andern:
Bist du noch da?

Nebel

Verloren
im Nebelmeer
bin ich gegangen
durch die Allee,
bedachtsam sehr.

Schweigen
rings um mich her.

Nichts
war zu vernehmen.
Nur dies
Knistern
ab und zu
auf dem Kies.
Ich wusste, das waren
meine Füße.
Sie suchten da unten
ihren Weg,
die unsichtbaren.

Und einmal
ein leises Flüstern,
links,
nah.
Ein Ahorn
in der Ahornallee
fragte den andern:
Bist du noch da?

»Sie sind nicht mehr zu sehen!«,
so krächzten die schwarzen Krähen.
Das Land unter ihnen lag still und stumm und verschneit.
Nur das Krächzen der Krähen schallte weit.
»Der Igel im Busch, wo tappt er noch?«
»Ist längst erfroren, ich sagte es doch!«
»Hüpfen noch Frösche dort unten am See?«
»Liegen alle steif unter Eis und Schnee.«
»Eidechse, Schlange, Salamander?«
»Mausetot, alle miteinander.«
»Fliegt noch ein Falter im weißen Land?«
»Kein einziger hielt dem Winter stand.«
»Die Bienen?«
»Sie haben ausgesummt.«
»Die Hummeln?«
»Sind für immer und ewig verstummt.«
»Wo schreit noch ein Kuckuck, wo pfeift noch ein Star?«
»Sie sind dahin wie das alte Jahr.«
»Aber wir sind noch da, und das ist genug!«
So krächzten die Krähen in ihrem Flug.

Doch der Frühling kam. Was geschah?
Da waren sie plötzlich wieder da.
Sie krochen hervor aus ihren Verstecken,
aus Ritzen und Löchern an tausend Ecken.
Die Bienen summten, die Hummeln brummten,
die Eidechsen kamen fröhlich gelaufen,
der Igel kroch aus dem Reisighaufen.
Die bunten Falter flogen wieder.
Die Sonne schien golden nieder.
Zum Schluss kam der Kuckuck von der Reise zurück.
Da war die Welt wieder ganz.
Das war ein Tanz und ein Glanz und ein Glück.

DA WAR DIE WELT
WIEDER GANZ

DA WAR DIE WELT WIEDER GANZ

„SIE SIND NICHT MEHR ZU SEHEN!", SO KRÄCHZTEN DIE SCHWARZEN KRÄHEN.

DAS LAND UNTER IHNEN LAG STILL UND STUMM UND VERSCHNEIT.

NUR DAS KRÄCHZEN DER KÄHEN SCHALLTE WEIT.

„DER IGEL IM BUSCH, WO TAPPT ER NOCH?"

„IST LÄNGST ERFROREN, ICH SAGTE ES DOCH!"

„HÜPFEN NOCH FRÖSCHE DORT UNTEN AM SEE?"

„LIEGEN ALLE STEIF UNTER EIS UND SCHNEE."

„EIDECHSE, SCHLANGE, SALAMANDER?"

„MAUSETOT, ALLE MITEINANDER."

„FLIEGT NOCH EIN FALTER IM WEISSEN LAND?"

„KEIN EINZIGER HIELT DEM WINTER STAND."

„DIE BIENEN?"

„SIE HABEN AUSGESUMMT."

„DIE HUMMELN?"

„SIND FÜR IMMER UND EWIG VERSTUMMT."

„WO SCHREIT NOCH EIN KUCKUCK, WO PFEIFT NOCH EIN STAR?"

„SIE SIND DAHIN WIE DAS ALTE JAHR."

„ABER WIR SIND NOCH DA, UND DAS IST GENUG!"

SO KRÄCHZTEN DIE KRÄHEN IN IHREM FLUG.

DOCH DER FRÜHLING KAM. WAS GESCHAH?
DA WAREN SIE PLÖTZLICH WIEDER DA.
SIE KROCHEN HERVOR AUS IHREN VERSTECKEN,
AUS RITZEN UND LÖCHERN AN TAUSEND ECKEN.
DIE BIENEN SUMMTEN, DIE HUMMELN BRUMMTEN,
DIE EIDECHSEN KAMEN FRÖHLICH GELAUFEN,
DER IGEL KROCH AUS DEM REISIGHAUFEN.
DIE BUNTEN FALTER FLOGEN WIEDER.
DIE SONNE SCHIEN GOLDEN NIEDER.
ZUM SCHLUSS KAM DER KUCKUCK VON DER REISE ZURÜCK.
DA WAR DIE WELT WIEDER GANZ.
DAS WAR EIN TANZ UND EIN GLANZ UND EIN GLÜCK.

zirp

VOM FUNKELNDEN MANTEL, DER DEN SCHATZ DER SCHÖPFUNG UMHÜLLT

Arne Rautenberg

Es ist ein Glück, die Natur lesen zu können. Der Dichter Josef Guggenmos hat dieses Glück erfahren und versucht, es in seinen Gedichten an Kinder und uns weiterzugeben: »Wenn mein Vater mit mir geht, / dann hat alles einen Namen, / Vogel, Falter, Baum und Blume. / Wenn mein Vater mit mir geht, / ist die Erde nicht mehr stumm.« Die Erde spricht also, Flora und Fauna senden etwas aus, und wer mit entsprechenden Antennen ausgestattet ist, der möge empfangen. Denn wer die Natur lesen kann, beginnt etwas von ihrem Code zu verstehen und sich als Teil der Schöpfung zu begreifen – der erfährt *sich* im natürlichen Kaleidoskop von Werden und Vergehen in vielerlei Spiegelblitzen.

Im globalen Ökosystem hängt alles symbiotisch (oft noch unerforscht!) zusammen, wie in einem gewaltigen grünen Mysterium. Unser Ökosystem ist klüger als wir – und genau dieser Umstand macht es so anfällig für Poesie. Denn gelungene Gedichte tragen ebenfalls einen orakelhaften Kern in sich, an den herankommt, wer sich darum bemüht. Gedichte, so man sie lesen lernt, sind ein *Selbst*erkenntnisinstrument. Das gilt übrigens auch für das Schreiben von Gedichten. Die Frage ist also nicht: Was will mir der Dichter damit sagen?, sondern: Was kann ich aus dem Gedicht persönlich für mich herausholen?

Wer dies einmal verinnerlicht hat, kann süchtig nach Gedichten werden.

Die drei Stärken der Guggenmos'schen Poetik sind der besondere Blick für die Natur, die Phantasie und die Sprachkraft. Die Poesie gerät zu einem funkelnden Mantel, der den Schatz der Schöpfung umhüllt.

Diesen Schatz mittels Poesie an Kinder weiterzugeben, ist eine Mission, deren Tragweite gar nicht hoch genug einzuschätzen ist: Denn je früher man lernt, die Welt nicht nur hinzunehmen, sondern als ein Wunder zu begreifen, umso größer wird die Bereitschaft sein, seine Umwelt als etwas Bewahrenswertes zu erkennen und sich entsprechend dafür einzusetzen.

Beispiele des Wunderbaren um uns herum liefern Guggenmos' Gedichte sinnfällig zum Miterleben: Ob es eine romantische Schauerstimmung mit animistischem Grundton ist wie im Gedicht »Nebel«. Ob der Frühlingaufbruch einen via Zwiebelzauber mit einem unvergesslich hübschen Tulpengedicht anlacht (»Die Tulpe«). Ob man sich in Wetterphänomene wie Gewitter hineinversetzt (»Das Gewitter«), den Wind als Kettenreaktion mit Schmetterlingseffekt erfährt (»Der Wind«) oder eines Mini-Dramas auf der Flussoberfläche gewahr wird, in dem ein ertrinkender Käfer mit letzter Kraft auf ein treibendes Rosenblatt krabbelt (»Ein Schifflein rosenrot«) – hier generiert ein genauer Blick eine kleine Geschichte, die Empathie befördert. Das gelingt auch im Gedicht »Im Versteck«, einem weiteren Mikro-Drama in zwei Akten und drei Haiku-Zeilen: Ein Hase harrt schicksalsergeben in seiner Sasse eines nahenden Fuchses.

Eine besonders plastisch anmutende Perspektivverdrehung bietet das Gedicht »Ein Riese warf einen Stein«, in welchem ein Kind zu einem Riesen wird – jedenfalls aus der Sicht einer Ameise. Das geht nicht ganz ohne moralischen Unterton: Was du nicht willst, was man dir tu …

Für viele Gedichte gilt: Mache das Große klein – und das Kleine wird groß! Das kommt bei Kindern natürlich besonders gut an! Doch manchmal reichen auch die leisen Töne, etwa die einfache Beobachterrolle im Gedicht »Er«. Mitten in der Nacht wird auf dem Feld ein Rotfuchs beobachtet: »Welch Fest, ihm zuzusehn«, diesem Stellvertreter des unergründlichen Seins in einer »glimmenden Sternenwelt«. Wir können das kosmische Mysterium nicht durchdringen, nur fasziniert bestaunen. Manches muss einfach ein Geheimnis bleiben, etwa was die Würmer beim Wühlen fühlen, »keine Sprache beschreibt es« (»Unterm Rasen«). Wobei das Gedicht suggestiv vorprescht: Die Frage ist nicht, *ob* Würmer fühlen, sondern *was* sie fühlen. Die Annahme, dass auch Würmer Gefühle haben, wird als gesetzt postuliert und fordert Anteilnahme ein.

Von der Schönheit eines jähen Schockmomentes berichtet das Gedicht »Versteinerung«, in dem ein Muschelfossil auf einem Acker dem lyrischen Ich wie eine versteinerte Flaschenpost von einem Meer berichtet, welches vor Millionen Jahren einmal ebendort gewesen ist. Was gilt da eine Menschenlebensspanne?

Dem Phänomen von Zeit und Vergänglichkeit nicht mit Ohnmacht zu begegnen, sondern mit einer positiven, in die Natur eingebundenen Ergebenheit, verdeutlicht das große Portfolio aus Niedergang und Neuanfang in »Da war die Welt wieder ganz«. Etwas fehlt und etwas kommt zurück – und im Fehlen und Kommen liegt das ganze Stück.

Im Werk von Josef Guggenmos hat alles seinen Platz. Alles folgt einem Plan (den wir nicht verstehen und auch nicht verstehen können). Alles wird schon irgendwie gut werden. Hier sind transzendente, auch christliche Untertöne nicht weit weg. Im Unkengedicht »Wie ertrunken, wie versunken« klingt das Singen der Unken wie ein »leises Läuten« und ihr »fröhlicher Gesang« kündet bereits vom »Himmelreich« auf Erden. Josef Guggenmos kommt diesem Himmelsreich (allen Unkenrufen zum Trotz!) mit seinen der genauen Naturbeobachtung verbundenen Gedichten erstaunlich nahe.

JOSEF GUGGENMOS wird am 2. Juli 1922 als ältestes von drei Kindern in Irsee im schwäbischen Allgäu geboren, in einem Haus, im dem schon sein Urgroßvater lebte und das auf einer Anhöhe am Waldrand liegt. Seine naturnahe Kindheit wird sein literarisches Schaffen nachhaltig prägen. Er besucht die Volksschule im Ort, später das Humanistische Gymnasium in St. Ottilien. Als 17-Jähriger verfasst er seine ersten Gedichte.

Mit Beginn des Zweiten Weltkriegs legt er die Abiturprüfung ab und wird sogleich zur Wehrmacht eingezogen. Nach Kriegsende nimmt er ein Studium der Germanistik und der Kunstgeschichte, Archäologie und Indiologie auf, das er nicht abschließen wird.

1950 geht er für ein Jahr nach Finnland. Zurück in Deutschland, arbeitet er als Lektor und Übersetzer für Verlage und lebt an wechselnden Orten. 1959 heiratet er Therese Wild und kehrt mit ihr in sein Elternhaus in Irsee zurück, wo die Familie mit drei Töchtern fortan lebt. Am 23. September 2003 stirbt Josef Guggenmos in Irsee.

Josef Guggenmos' erste Verse für Kinder erscheinen 1956: ein Heftchen von 48 Seiten mit dem Titel »Lustige Verse für kleine Leute«. 1958 folgt sein »Immerwährender Kinderkalender«, eine Sammlung von Gedichten und Geschichten. 1967 kommt dann der Durchbruch: Der Gedichtband »Was denkt die Maus am Donnerstag?« erscheint und wird mit dem Deutschen Jugendliteraturpreis ausgezeichnet. »Gorilla, ärgere dich nicht« (1971) wird von der Kritik als Höhepunkt deutscher Kinderlyrik bezeichnet.

Josef Guggenmos veröffentlicht mehr als 80 Bücher. Bei Beltz & Gelberg erscheint u. a. die Anthologie mit Bildern von Nikolaus Heidelbach »Oh, Verzeihung, sagte die Ameise« (1990 und 2018). Es folgt die Anthologie mit Illustrationen von Sabine Friedrichson »Groß ist die Welt« (2006). Guggenmos wird mit etlichen Literaturpreisen ausgezeichnet, seine Verse sind in unzähligen Anthologien und Schulbüchern vertreten.

Zusammen mit Erich Kästner, Christian Morgenstern und Bertolt Brecht gilt Josef Guggenmos als einer der bedeutendsten Kinderlyriker der deutschen Literatur. Vielleicht wirkt er bescheiden, zurückhaltend, leise in dieser Reihe der namhaften Poeten. Und doch war und ist Guggenmos nicht zu überhören durch seinen ganz eigenen Stil, den er durch das Bewahren einer gewissen Kindlichkeit erklärte.

PIA VALÄR, geboren 1983, studierte Illustration am Edinburgh College of Art, Schottland. Als freie Illustratorin erzählt sie Geschichten mit feinem Strich. Sie lebt und arbeitet in der Schweiz.

MAX FIEDLER, geboren 1977, arbeitet als Illustrator, Animationszeichner und Game-Designer. Mit seiner Familie lebt er in Düsseldorf.

JANAS LAUSTRÖER, geboren 1979, studierte an der Hochschule für angewandte Wissenschaft in Hamburg. Er war Lehrbeauftragter für den Bereich Informative Illustration und ist seit 2017 Dozent an der Züricher Hochschule der Künste.

MAREN PROFKE, geboren 1979, studierte Pädagogik und Kunstpädagogik. Sie zeichnete und malte dann doch viel mehr und arbeitet inzwischen als Illustratorin, Künstlerin und Kunstdozentin. Sie lebt mit ihrer Familie in Stuttgart.

SABINE KRANZ studierte an der Kunsthochschule Kassel und an der Kunstakademie Stuttgart Visuelle Kommunikation. Sie lebt als freiberufliche Illustratorin für Kinderbücher und Magazine mit ihrer Familie in Frankfurt am Main.

TALTAL LEVI kam in Galiläa, Israel, zur Welt und schöpft aus ihren Kindheitserinnerungen reiche Inspiration. Seit ihrem Abschluss in Illustration Fiction an der Hochschule Luzern ist sie als freischaffende Illustratorin tätig. Taltal Levi lebt und arbeitet in Basel.

LENA WINKEL, geboren 1993 in Betzdorf (Sieg), studierte Illustration in Hamburg und Paris. Sie zeichnet am liebsten tierische Helden und erzählt von ihnen in Kinderbüchern und Comics.

JÖRG HÜLSMANN, geboren 1974, studierte Illustration in Düsseldorf und Hamburg. Seit 2003 zeichnet er als freier Illustrator für Buchverlage, Magazine und Zeitungen.

ANNA SCHILLING, geboren 1983 in Freiburg im Breisgau, studierte an der Hochschule für Künste Bremen sowie an der Hochschule Luzern. Seit 2012 arbeitet sie als freie Illustratorin und Grafikdesignerin.

ADAM VOGT, geboren 1992 in Ungarn, studierte an der Kunstschule Liechtenstein sowie an der EPAC in Saxon (Wallis), dort mit dem Schwerpunkt Comics. Er lebt und arbeitet in der Schweiz und in Liechtenstein, wenn er nicht gerade reisend unterwegs ist.

NELE BRÖNNER, geboren in Marburg an der Lahn, studierte Visuelle Kommunikation an der Universität der Künste Berlin. Sie arbeitet als Illustratorin, Kinderbuchautorin und Comiczeichnerin und wurde für ihre Arbeiten mehrfach ausgezeichnet, zuletzt mit dem Troisdorfer Bilderbuchpreis.

ARNE RAUTENBERG, geboren 1967 in Kiel. Er studierte Kunstgeschichte, Literaturwissenschaft und Volkskunde und lebt in seiner Heimatstadt als Dichter und Künstler. Er schreibt Gedichte für Erwachsene und Kinder und wurde für seine Arbeit vielfach ausgezeichnet, u. a. mit dem ersten Josef-Guggenmos-Preis für Kinderlyrik. 2017 wurde Arne Rautenberg in die Deutsche Akademie der Sprache und Dichtung aufgenommen.

STEFANIE SCHWEIZER, geboren 1979, studierte Kulturwissenschaften und ästhetische Praxis in Hildesheim. Über das Kindertheater fand sie zur Kinderliteratur und arbeitet heute als Kinder- und Jugendbuchlektorin. Sie lebt mit ihrer Familie in Frankfurt am Main.

JOSEF GUGGENMOS